BEI GRIN MACHT SICH IHR WISSEN BEZAHLT

- Wir veröffentlichen Ihre Hausarbeit, Bachelor- und Masterarbeit

- Ihr eigenes eBook und Buch - weltweit in allen wichtigen Shops

- Verdienen Sie an jedem Verkauf

Jetzt bei www.GRIN.com hochladen und kostenlos publizieren

Bibliografische Information der Deutschen Nationalbibliothek:

Die Deutsche Bibliothek verzeichnet diese Publikation in der Deutschen National-
bibliografie; detaillierte bibliografische Daten sind im Internet über http://dnb.d-
nb.de/ abrufbar.

Impressum:

Copyright © 2017 GRIN Verlag
Druck und Bindung: Books on Demand GmbH, Norderstedt Germany
ISBN: 9783346172822

Dieses Buch bei GRIN:

https://www.grin.com/document/593494

Michael Lindner

Berufliche Weiterbildung und lebenslanges Lernen

Wie effektiv sind Wiki-Systeme, was bedeutet Personalentwicklung und weshalb bereitet die Umsetzung des Bologna-Abkommens noch immer Probleme?

GRIN Verlag

GRIN - Your knowledge has value

Der GRIN Verlag publiziert seit 1998 wissenschaftliche Arbeiten von Studenten, Hochschullehrern und anderen Akademikern als eBook und gedrucktes Buch. Die Verlagswebsite www.grin.com ist die ideale Plattform zur Veröffentlichung von Hausarbeiten, Abschlussarbeiten, wissenschaftlichen Aufsätzen, Dissertationen und Fachbüchern.

Besuchen Sie uns im Internet:

http://www.grin.com/

http://www.facebook.com/grincom

http://www.twitter.com/grin_com

Technische Universität Kaiserslautern

Distance And Independent Studies Center (DISC)

Fernstudium „Erwachsenenbildung"

Einsendeaufgaben zum Modul EB 1300 „Berufliche Weiterbildung"

EB 1310:   Historische Grundlagen und Perspektiven der beruflichen Weiterbildung

EB 1320:   Neue elektronische Medien in der beruflich-betrieblichen Weiterbildung

EB 1330:   Berufliche Weiterbildung im Prozess der europäischen Integration

Einsendeaufgabe 1

Definition von Personalentwicklung (PE)

Lösung

„Personalentwicklung kann zunächst einmal als geplante personalpolitische Maßnahme verstanden werden, um Menschen und Unternehmen gleichsam weiterzuentwickeln."[1] Nach einem früheren Verständnis von Personalentwicklung (PE) war das Ziel, durch Qualifikationen eigene Mitarbeiter für zu besetzende Aufgabengebiete verplanen und damit unabhängiger vom externen Arbeitsmarkt agieren zu können. Demzufolge wurde die Personalentwicklung eher mit der betrieblichen Bildung gleichgesetzt. Markt- und unternehmensbezogene Entwicklungen haben allerdings im Laufe der Zeit dazu geführt, dass alle Personalentwicklungsmaßnahmen notwendigerweise in einer Abteilung für Personalwesen zusammengefasst und koordiniert werden. Diese Entwicklungen haben zu der Erkenntnis geführt, dass insbesondere auf die gesellschaftlichen und technologischen Veränderungsprozesse nur mit innovationsfähigem und innovationsbereitem Personal angemessen reagiert werden kann.[2]

Diesbezüglich haben sich die Aufgaben der Personalentwicklung dahingehend verändert, dass sie mehr beitragen soll zur

- „Verbesserung der Leistungsfähigkeit einzelner Mitarbeiter oder Mitarbeitergruppen durch Vertiefung, Erweiterung oder Neuerwerb ihrer fachlichen Qualifikationen und/oder Verbesserung ihrer Fähigkeit (sowie Ausprägung des Wollens) zur Zusammenarbeit,
- Sicherstellung des Bestandes an Führungs- und Führungsnachwuchskräften sowie an Spezialisten,
- Erhöhung der Chance zur Selbstverwirklichung der einzelnen Mitarbeiter durch anspruchsvollere Aufgaben,
- Verbesserung des Organisationsklimas durch Beeinflussung der Sozialstruktur der Unternehmung über laufende Entwicklungsmaßnahmen für alle Mitarbeiter (sämtlicher Hierarchieebenen),
- Steigerung der Wirtschaftlichkeit der ablaufenden funktionalen Prozesse durch Einbringen von Know-how (Planungsprozesse, Entscheidungsprozesse, technologische Prozesse etc.)."[3]

Zusammenfassend betrachtet vereint die ‚moderne' Personalentwicklung alle Maßnahmen zur beruflichen und individuellen Entwicklung der Mitarbeiter, die systematisch

---

[1] Petersen, J., „Historische Grundlagen und Perspektiven der beruflichen Weiterbildung", Seite 73.
[2] vgl. ebd., Seite 73.
[3] ebd., Seite 73.

konzipiert und umgesetzt werden. Dabei sollten persönliche Ziele und Entwicklungswünsche der Mitarbeiter des Unternehmens mit den betrieblichen Interessen möglichst deckungsgleich in Einklang gebracht werden. Planungsgrundlage für die konkrete Gestaltung personalentwickelnder Weiterbildungsmaßnahmen sind dabei zunächst die Ergebnisse eines mitarbeiterbezogenen Soll-Ist-Abgleichs und daraus abgeleitete Diskrepanzen. Beispielsweise ein Missverhältnis zwischen zukünftigen Anforderungen und dem aktuellen Wissensstand eines Mitarbeiters. Personalentwicklung findet in dem Zusammenhang überwiegend bzw. oftmals in Form beruflicher Weiterbildung statt. Hervorgehend aus dieser Erkenntnis (Unternehmen treten immer mehr als Träger von beruflicher Aus- und Weiterbildung auf) erhält die PE eine immer stärkere gesellschaftspolitische und volkswirtschaftliche Dimension. Dies besonders aus dem Umstand heraus, weil an diesen Unternehmensbereich zunehmend bildungs- und arbeitsmarktpolitische Anforderungen gestellt werden (Sicherung von Arbeitsplätzen, Erhaltung der Wettbewerbsfähigkeit etc.). Anzumerken ist hierbei, dass die PE in Form der beruflichen Weiterbildung oft als sogenanntes Anpassungslernen konzipiert wird, da als Ausgangspunkte für die Konzeption zu einem hohen Anteil harte Faktoren wie die Organisationsstrategie, die Organisationsstruktur und externe Anforderungen an das Unternehmen dienen.[4]

Die berufliche Weiterbildung in Unternehmen lässt sich in drei Phasen einteilen. In der ersten Phase (auch als erste Generation bezeichnet) war sie eher eine reaktive Reparaturdienstleistung mit Zufallstreffern, die weitestgehend ohne Problembezug blieb und sich auf die Zusammenstellung von Seminarkatalogen beschränkte. Teilnehmer wurden in der Folge diesbezüglich eher unsystematisch für entsprechende Veranstaltungen angeworben und ‚rekrutiert‘, und mit dem Praxistransfer der gelernten Inhalte weitestgehend alleine gelassen.[5]

In der zweiten Generation (Differenzierungsphase) wurde die berufliche Weiterbildung mehr und mehr systematisiert und war gekennzeichnet durch eine sinnvolle Vorgehensweise: Bedarfsanalyse, Zielsetzung, kreatives Maßnahmendesign, Durchführung, Ergebniskontrolle und Transfersicherung. Die Rolle der Vorgesetzten und Führungskräfte änderte sich dahingehend, dass sie umfänglicher in die ganzheitliche Einschätzung der Potenziale und Möglichkeiten der eigenen Mitarbeiter einbezogen wurden und demzufolge eine gewichtigere Rolle bezüglich der Entwicklungsmöglichkeiten dieser Mitarbeiter in der Gesamtorganisation spielten. Auch die Rolle der Personalentwickler/Erwachsenenbildner veränderte sich. Sie entwickelten sich zu unternehmensinternen Bildungsspezialisten; zudem wurde die Gesamtheit der Bildungsaktivitäten auf einheitliche

---

[4] vgl. ebd., Seite 74 f.
[5] vgl. ebd., Seite 75.

Grundsätze ausgerichtet und planvolles Vorgehen ersetzte das Zufallsprinzip der ersten Generation.[6]

„Die betriebliche Bildung/Personalentwicklung in der Integrationsphase (dritte Generation betrieblicher Bildung/Personalentwicklung) identifiziert die zentrale Verantwortung für Personalentwicklung als eine nicht delegierbare Managementaufgabe von hoher Priorität.

Diese Phase zeichnet sich durch folgende Charakteristika aus:

- Bildung, Förderung und Organisationsentwicklung werden zu ganzheitlichen Problemlösungen in ‚Organisationsfamilien' integriert.
- ‚Reife' Organisationseinheiten und einzelne Mitarbeiter mit konkretem Praxisbezug sind die primären Adressaten der betrieblichen Bildung und Personalentwicklungsarbeit.
- Die Trennung von Lern- und Arbeitsfeld wird aufgehoben, sodass das Transferproblem lösbar wird.
- Betriebliche Bildung und Personalentwicklungsarbeit erfolgen konsequent nachfrageorientiert als ‚Hilfe zur Selbsthilfe'.

Tendenzen, die Führungskräfte auch als Trainer und Berater bzw. als Lehrer und Erzieher ihrer Mitarbeiter zu verstehen, unterstreichen dabei die zunehmende Be-deutung pädagogischer Kenntnisse und Fähigkeiten im Hinblick auf die zunehmend komplexere Wahrnehmung der Führungsaufgabe."[7]

In diesem Sinne kann durch die berufliche Weiterbildung sowohl die Weiterentwicklung der Organisation im gesamten als auch die der darin arbeitenden Individuen in Form einer tatsächlichen Personalentwicklung erreicht werden.

---

[6] vgl. ebd., Seite 75.
[7] ebd., Seite 76.

Einsendeaufgabe 2

Didaktische Bedeutung von Wiki-Systeme in der Weiterbildung

Lösung

Auch mit modernen Generationen von Lernumgebungen wird Wissen meistens noch auf Vorrat erworben und oft auch nicht in der Form und zu dem Zeitpunkt, zu dem es benötigt wird. Herkömmliche Lernmedien sind entweder zu schnell veraltet (Bücher) oder im Kontext schneller Informationsbeschaffung zu träge (CBTs, WBTs), sodass sie dem Prinzip ‚learning in time' nur unzureichend gerecht werden. Eine Ausnahme bildet hier die Vermittlung von Grundlagenwissen, denn in diesem Zusammenhang stellen die beschriebenen Nachteile kein Problem dar. Selbst beim Zugriff auf Wissensbasen (z.b. Wissensmanagementsysteme), die ja bereits moderne Informations- und Kommunikationssysteme darstellen, gestaltet sich das Finden von Informationen schwierig; vor allem deshalb, weil Informationen im Übermaß und zudem ungefiltert vorhanden sind. Im Besonderen, weil der Mensch nicht hierarchisch, sondern assoziativ denkt und Probleme löst, stoßen solche Systeme relativ schnell an ihre Grenzen, da die Fragestellungen, die an sie herangetragen werden, meist zu komplex und vielschichtig sind. Dass Wissen nicht in isolierter Form existiert, zeigt sich auch an modernen Berufsbildern, die immer mehr durch einen interdisziplinären Charakter gekennzeichnet sind (z.B. Mechatroniker). Hierbei steht neben dem fachlichen Wissen vor allem die Herausbildung und Festigung von Problemlösungskompetenzen im Vordergrund.[8]

„Die neueste Generation der Informationsstrukturierung, die mithilfe sogenannter Topic Maps durchgeführt werden kann, stellt eine vielversprechende Alternative zu herkömmlichen Informations- und mit didaktischer Aufbereitung auch Lernumgebungen dar."[9] Mit ihnen werden Informationen bereitgestellt, aufbereitet und miteinander verknüpft, ähnlich wie bei Glossaren, Lexikas oder Indexen beispielsweise mit externen Dokumenten. Mit diesen Topic Maps lässt sich eine Wissensbasis aufbauen, die die Navigation und Suche innerhalb dieses Wissensbestandes und der meist großen Menge an Dokumenten erleichtert und gleichzeitig die Geschwindigkeit und die Qualität der Suchvorgänge erheblich steigert. An dieser Stelle stellt sich aber noch die Frage, wie eine sinnvolle didaktische Gestaltung aussehen soll, die den Lerner im Bereich der beruflichen Weiterbildung zu seinem bestmöglichen Lern- und Anwendungserfolg führt. Hier kommen die sogenannten Wiki-Systeme ins Spiel.[10]

---

[8] vgl. Petersen, J., „Neue elektronische Medien in der beruflich-betrieblichen Weiterbildung", Seite 32 f.
[9] ebd., Seite 33.
[10] vgl. ebd., Seite 33 f.

„Der Begriff ‚Wiki' steht als Abkürzung für ‚WikiWikiWeb'. Dessen etymologischer Ursprung liegt im hawaiianischen Ausdruck ‚wikiwiki' und bedeutet ‚schnell'. Damit dokumentiert bereits der Name die Konzeptidee des Erfinders Ward Cunningham: Die Bereitstellung und Änderung von Inhalten sollten schnell, einfach und unkompliziert erfolgen können. Definitorisch kann festgehalten werden, dass es sich um webbasierte Systeme handelt, die es allen Nutzern erlauben, alle Inhalte zu verändern. Damit kommt das Besondere dieser Systeme zum Vorschein: Prinzipiell jeder kann den Inhalt und die Struktur anhand eines gängigen Internetbrowsers eigenständig mitgestalten. Nach dem Speichern sind Änderung, Neueingabe oder Löschung sofort für alle Nutzer verfügbar. Auf diese Weise entstehen in einem kommunikativen und selbst organisierten Prozess stark verlinkte Seitenkollektionen, die sich z.B. für die Zusammenstellung von Informationen eignen."[11]

Wiki-Systeme stellen damit die technischen Voraussetzungen zur Verfügung, kollaborativ und kooperativ an einer einzigen Wissensbasis arbeiten zu können, die permanent zur Verfügung steht und jederzeit erweitert und aktualisiert werden kann. Auch unter diesem Gesichtspunkt gewinnen Wiki-Systeme immer mehr an Bedeutung hinsichtlich ihrer Eignung als Lerninstrumente. Im Besonderen auch deshalb, weil dadurch im Verlauf einer zu lösenden Arbeitsaufgabe der Informations-, Wissens- und Lernbedarf ‚on demand' gedeckt werden kann. Soll ein solches System sinnvoll angewendet werden, muss es zunächst das Ziel beruflicher Weiterbildung sein, die Lernkompetenzen der Mitarbeiter aktiv zu stärken, denn diese reduzieren gewohntermaßen ihre Lernstrategien sehr oft auf passive Wissens- und Informationsrezeption. Dies kann beispielsweise durch die Aufgabe der meist vorherrschenden Dozentenzentrierung erreicht werden. Richtig angewendet entstehen dynamische und kollaborative Lernprozesse an deren Ende ein Gemeinschaftsprodukt steht, an dem alle beteiligt waren. Ziel ist es, den gemeinsamen Wissensbestand zu erweitern an dem im weiteren Verlauf individuelle Lernprozesse ansetzen können.[12]

„Im Gegensatz zu Maßnahmen des Wissensmanagements und des E-Learnings erzeugen Wikis lebendige Austauschprozesse und tragfähige Netzwerkbeziehungen. Auf diese Weise können wertbeladene Erfahrungen, differenzierte Meinungen und implizites Wissen übertragen und gleichzeitig konnektivistische Kriterien umgesetzt werden. Dies ist bei Wissensmanagement- und E-Learning-Lösungen nicht möglich. Des Weiteren ermöglicht die einfache Bedienung der Wikis die Parallelität mehrerer Lernprozesse im konnektivistischen Sinne. Während die Informationsbestände des Wissensmanagements und E-Learnings statische und für den Nutzer unveränderliche Gegebenheiten

---

[11] ebd., Seite 36.
[12] vgl. ebd., Seite 45 ff.

darstellen, kann das Wissen im Wiki von jedem dynamisch angepasst werden. Dieses kollektive Editierrecht birgt diverse positive [auch didaktische, ML] Effekte:

- erhöht die Wahrscheinlichkeit, dass sich der Wissensbedarf der Nutzer und das Wissensangebot des Systems decken;
- ermöglicht die unkomplizierte Einbringung individuellen Wissens und dessen Verteilung über das System (= Netzwerk);
- sorgt für multiperspektivische Darstellung der Inhalte [...];
- steigert die Garantie auf Aktualität der Inhalte.

[...] Im Gegensatz zu den Instrumenten des Wissensmanagements und E-Learnings stehen bei Wikis Eigenaktivität und Selbstregulation sowie Adaption an die Bedürfnisse des Lernenden im Vordergrund."[13]

Wodurch werden Wiki-Systeme zu Lerninstrumenten und welchen (auch didaktischen) Mehrwert bieten sie?

- „Wiki-Systeme kompensieren die Mängel des Wissensmanagements und des E-Learnings.
- Wiki-Systeme konstituieren Lernen (Wahrnehmen, Reflektieren, Handeln).
- Wiki-Systeme ermöglichen selbstregulative Lernbedarfsdeckung.
- Wiki-Systeme gewähren einen multiperspektivischen Blick auf (Lern-)Inhalte.
- Wiki-Systeme dienen als enzyklopädisches Reservoir zur Wissensbedarfsdeckung on demand (arbeitsprozessintegriertes, informelles Lernen).
- Wiki-Systeme ermöglichen Netzwerkbildung und Selbstorganisation.
- Wiki-Systeme helfen, Wissen im Problemzusammenhang zu konstruieren.
- Durch Wiki-Systeme kann Lernen an Erfahrungen gebunden werden.
- Wiki-Systeme unterstützen den Austausch von Erfahrungs- und implizitem Wissen.
- Wiki-Systeme verbinden individuelles und organisationales Lernen."[14]

Durch Wikis entsteht letztlich ein Lernkreislauf, der als Zusammenspiel von Wahrnehmungen, Interpretationen und Handlungen verstanden werden kann. Durch die Bildung von Netzwerken und kollaborativen Prozessen werden zudem die notwendigen Kommunikations- und Reflexionsprozesse herausgebildet. Da Wiki-Systeme zudem auf prozesssteuernde Elemente verzichten und auch dadurch die didaktische Planung und Reduktion fachlicher Vermittlung über die ‚Lehrersteuerung' hinausgeht, müssen in

---

[13] ebd., Seite 51.
[14] ebd., Seite 53.

Anlehnung an die Ermöglichungsdidaktik und dem systemisch-konstruktivistischen Ansatz diesbezüglich neue didaktische Grundsätze formuliert werden:[15]

- „Didaktik ist nicht die Wissenschaft der Vermittlung von Lehrinhalten, sondern der Vermittlung von multiplen Perspektiven. Diese regen zur Reflexion an und fördern dadurch nachhaltige Lernprozesse.

- Didaktik ist ergebnisoffen und prozessorientiert. Die Dynamik eines Wiki-Systems erfordert auch aufseiten der Didaktik flexible Anpassung an Veränderungen. Zu diesem Zweck gilt es, für Orientierung zu sorgen und entsprechende Elemente in Struktur und Aufbau des Wikis zu implementieren (z.B. Übersichtlichkeit, Suchfunktionen).

- Didaktik dient dazu, Lernen zu ermöglichen und zu unterstützen. Dies umfasst die Bereitstellung von Lerninhalten als Lernangebot, die Gestaltung der Lernumgebung und die Unterbreitung von Beratungs- und Hilfsangeboten.

- Didaktik fördert die soziale Interaktion. Zentrale Aufgabe sind die Unterstützung eines kooperativen zwischenmenschlichen Austauschs und die Sicherstellung eines vertrauensvollen Umgangs.

- Didaktik begünstigt die Verbindung und Verankerung neuer Lern- und Wissensinhalte. Sie konsolidiert die unterschiedlichen Einzellernschritte (z.B. selbst gesteuerte Erfahrungen, seminaristische Wissensvermittlung) im Sinne einer ganzheitlichen Methodik.

Der Fokus richtet sich deshalb nicht auf die Vorbereitung der Lerninhalte, sondern auf die Unterstützung des Lernprozesses. Es geht nicht mehr um die Frage, welches Wissen auf welchem Weg in welcher curricularen Reihenfolge vermittelt werden kann. Aufgabe der Lehrenden ist die Begleitung und Unterstützung der Lernenden innerhalb ihres selbstregulativen Lernprozesses. Das Rollenverständnis der Pädagogen wandelt sich, indem sie zu Coaches werden, die ‚Hilfe zur Selbsthilfe' leisten. Gleichzeitig verändert sich auch die zugrunde gelegte pädagogische Haltung hin zu Ruhe und ‚Gelassenheit'."[16]

Die Veränderung der Rollenverständnisse innerhalb eines Unternehmens wird sich durch den Einsatz von Wikis modifizieren. „Das Leitbild ‚innerbetrieblicher Lieferant von Faktenwissen' muss sich in ein pädagogisches Verständnis der Ermöglichung von offenen, kollaborativen Lernprozessen (unter Einsatz der Web-2.0-Technologie) im organisationalen Gesamtzusammenhang ändern. Personalentwickler und Betriebspädagogen

---

[15] vgl. ebd., Seite 54 f.
[16] ebd., Seite 56.

werden zu Beratern und Lernbegleitern, die das Ziel verfolgen, Interesse für den Lehr-stoff zu wecken."[17]

„Mithilfe von Wiki-Systemen wird es möglich, dass die Bedürfnisse des Individuums be-rücksichtigt (und gesteuert) sowie Ad-hoc-Bedarfe und weiterführende Interessen vom Mitarbeiter selbstregulativ gedeckt werden können, während diese Lernprozesse gleich-zeitig in den organisationalen Gesamtzusammenhang gestellt werden."[18]

---

[17] ebd., Seite 60.
[18] ebd., Seite 59.

Einsendeaufgabe 3

Förderung von lebenslangem Lernen

Lösung

Im März 2000 formulierten die Staats- und Regierungschefs der EU das durchaus ehrgeizige Ziel, dass sich ganz Europa bis zum Jahr 2010 zum dynamischsten und wettbewerbsfähigsten wissensbasierten Wirtschaftsraum der Welt entwickeln sollte. Durch die Entwicklung und den Ausbau unterschiedlicher Instrumente, sollte der europäische Wirtschaftsraum dazu befähigt werden, den sozialen Zusammenhalt zu fördern und insbesondere ein dauerhaftes Wirtschaftswachstum mit mehr und besseren Arbeitsplätzen zu erreichen. Als übergeordnete bildungspolitische Ziele wurden insbesondere die Qualitätssicherung und die Weiterentwicklung der Bildungssysteme in der EU vereinbart, was zur Folge hatte, dass in diesen Bereich signifikante Summen investiert wurden.[19]

Allerdings ist das Thema Lebenslanges Lernen aus erwachsenen- und berufs- bzw. betriebspädagogischer Sicht nicht neu, denn bereits in den 1970er- und 1980er-Jahren wurde darüber diskutiert. Und 1996 erklärte die Europäische Union genau dieses Jahr zum ‚Jahr für lebensbegleitendes Lernen'. Das, vor allem als Signal an Aus- und Weiterbildungsinstitutionen, Industrie- und Wirtschaftsverbände und Hochschulen, dem Thema zukünftig noch mehr Bedeutung zukommen zu lassen.[20] Im Jahr 2000 folgte dann (wie oben erwähnt) die gemeinsame Zielsetzung der europäischen Staats- und Regierungschefs.

Daraus hervorgehend startete zum 01. Januar 2007 das europäische Programm für Lebenslanges Lernen (PLL), an dem neben den 27 EU-Staaten die Türkei, Norwegen, Island und Lichtenstein teilnahmen und dem weitere Aktionen folgten, die die Bedeutung dieses Themas unterstrichen: Von der Europäischen Kommission das *Memorandum über Lebenslanges Lernen* und die Mitteilung *Einen europäischen Raum des lebenslangen Lernens zu schaffen*, vom Rat der Europäischen Union die *Entschließung zum lebenslangen Lernen* und abermals von der Europäischen Kommission der *Vorschlag für eine Empfehlung des Europäischen Parlaments und des Rates zu Schlüsselkompetenzen für lebenslanges Lernen*.[21]

Das PLL betont dabei aber nicht nur die große Bedeutung nonformaler und informeller Lernarrangements, es soll vor allem „[...] die bildungspolitische Zusammenarbeit in Europa unterstützen und insbesondere dazu beitragen, die Zielsetzungen der Erklärung

---

[19] vgl. Petersen, J., „Berufliche Weiterbildung im Prozess der europäischen Integration", Seite 25.
[20] vgl. ebd., Seite 53.
[21] vgl. ebd., Seite 53 f.

von Kopenhagen im Bereich der beruflichen Bildung und des Bologna-Prozesses im Hochschulbereich umzusetzen."[22]

„Das Programm für Lebenslanges Lernen unterteilt sich in folgende Unterprogramme:

* COMENIUS für die Schulbildung im Sinne einer Unterstützung von Schulpatenschaften sowie Förderung von Mobilität von Schülern, Lehrern und von neuen Lehrmethoden.

* ERASMUS für den Bereich der Hochschulen im Sinne einer Förderung von Aufenthalten an europäischen Hochschulen; Ermöglichung europaweiter Unternehmenspraktika für Studierende.

* LEONARDO DA VINCI für die berufliche Bildung im Sinne einer Förderung der Mobilität von Auszubildenden und des Ausbildungspersonals sowie der Entwicklung innovativer Ansätze in der Berufsbildung.

* GRUNDTVIG für die Erwachsenenbildung im Sinne einer Förderung der Entwicklung von Kursen und innovativen Lehr- und Lernmethoden.

Ferner soll mit einem ‚Querschnittsprogramm' gewährleistet werden, dass die Einzelprogramme die denkbar besten Ergebnisse erzielen."[23] „Schließlich werden noch mit dem Programm JEAN MONNET Lehr- und Forschungs-tätigkeiten sowie Diskussionen zum Thema des europäischen Integrationsprozesses an Hochschuleinrichtungen weltweit gefördert."[24]

„Es besteht [also EU-weit, ML] weitgehend ein Konsens darüber, dass Life-long-Learning ein notwendiger Bestandteil zur Bewältigung von ökonomischen und sozialen Wandlungsprozessen unserer Gesellschaft ist und dass die in der Erstausbildung erworbenen Kompetenzen dazu nicht mehr ausreichen."[25] „Dementsprechend gilt es, durch das PLL alle Begabungen zu mobilisieren und die Bildungsbeteiligung der Bürger in der EU zu erhöhen. Die Gestaltung von Lernprozessen hat offen zu erfolgen, um eine möglichst hohe Professionalität erreichen zu können. Lebenslanges Lernen ist die Voraussetzung, um die Herausforderungen des gesellschaftlichen und demografischen Wandels zu meistern."[26]

Die oben genannten Ziele und diesbezüglichen „[...] Fortschritte der Mitgliedstaaten und der Europäischen Kommission [wurden dabei, ML] jährlich durch den Europäischen Rat überprüft. Die Berichte der Kommission haben ergeben, dass die meisten Zielvorgaben, die der Rat für das Jahr 2010 festgelegt hatte, von den europäischen Mitgliedstaaten nicht erreicht wurden.

---

[22] ebd., Seite 58.
[23] ebd., Seite 59.
[24] ebd., Seite 59.
[25] ebd., Seite 55.
[26] ebd., Seite 58.

Das Fazit fällt daher eher ernüchternd aus, obwohl auch Erfolge erzielt worden sind […].
Während nämlich die Ziele für Absolventen mathematischer, naturwissenschaftlicher
und technischer Fächer bereits 2003 erreicht wurden, sind die Fortschritte bei der Schul-
abbrecherquote, dem Abschluss der Sekundarstufe II und der Beteiligung Erwachsener
am lebenslangen Lernen nicht ausreichend, um die Erwartungen zu erfüllen. […] Vor
diesem Hintergrund lag es für die EU-Kommission nahe, den Vorschlag zu unterbreiten,
den Zeitraum auf das Jahr 2020 auszuweiten und dementsprechend die europäische
Zusammenarbeit auf dem Gebiet der allgemeinen und der beruflichen Bildung in der Zeit
bis 2020 an vier strategischen Herausforderungen auszurichten:

- Lebenslanges Lernen und die Mobilität von Lernenden Wirklichkeit werden las-
  sen.
- Die Qualität und die Effizienz des Bildungsangebots und seiner Ergebnisse ver-
  bessern.
- Gerechtigkeit und aktiven Bürgersinn fördern.
- Innovation und Kreativität (einschließlich unternehmerischen Denkens) auf allen
  Ebenen der allgemeinen und der beruflichen Bildung fördern. […]

Mithilfe dieser neuen europäischen Zielsetzungen für 2020 sollen die erwünschten Fortschritte in der allgemeinen und beruflichen Bildung doch noch mit einer zeitlichen Ver-
zögerung erreicht werden.

Auf diese Weise sollen die Weichen für einen gemeinsamen Wissens- und Bildungsraum
gestellt werden, wodurch Europa zum wettbewerbsfähigsten und dynamischsten wissensbasierten Wirtschaftsraum der Welt im Jahre 2020 werden könnte."[27]

---

[27] ebd., Seite 61 f.

Einsendeaufgabe 4

Ziele und Herausforderungen des Bologna-Abkommens

Lösung

Mit der Bologna-Erklärung, die im Juni 1999 von den EU-Bildungsministern in der italienischen Stadt Bologna abgegeben wurde, sollte die Schaffung und Ausgestaltung des europäischen Hochschulraums erreicht werden. Die drei Hauptaspekte dieses Prozesses sind die Förderung der Mobilität, die Förderung internationaler Wettbewerbsfähigkeit und die Förderung der Beschäftigungsfähigkeit. Dies sollte mit einem System leicht vergleichbarer und verständlicher Abschlüsse erreicht werden. In dem Zusammenhang galt es eine Reihe von Einzelzielen zu verfolgen bzw. zu erreichen:[28]

- Das oben erwähnte System leicht vergleichbarer und verständlicher Abschlüsse soll durch die Einführung eines grundständigen Studiums (Bachelor) und einem inhaltlich-fachlich darauf aufbauenden postgradualen Studiums (Master) erreicht werden. Der Bachelor stellt dabei eine für den europäischen Arbeitsmarkt relevante Qualifikationsebene dar, die nicht nur der erste qualifizierte Abschluss ist, sondern auch den Berufseinstieg bereits nach drei bis vier Jahren ermöglicht. Die Abschlussnote des Bachelors ist gleichzeitig auch die notwendige Qualifikation für das weiterführende Masterstudium.[29]

- Die Verbesserung der Anerkennung dieser Abschlüsse im Speziellen und sonstiger Studienleistungen im Allgemeinen soll durch die Einführung von Transparenzinstrumenten wie ECTS und dem Diploma Supplement erreicht werden.[30]

- Das ECTS (European Credit Transfer and Accumulation System) soll Studentenleistungen an Hochschulen im europäischen Hochschulraum grenzübergreifend anrechenbar und vergleichbar machen und bei der Einordnung von Studienleistungen (auch von Studienabbrechern) helfen. Dabei werden durch Leistungsnachweise (erfolgreich absolvierte Module) Leistungspunkte erworben bzw. vergeben, die keine qualitativ bewertete Noten darstellen, sondern geleistete Stundenumfänge (erwartete studentische Arbeitsbelastung, auch ‚Workload' genannt) in Relation zu den Lernzielen ausdrücken. Ein Leistungspunkt entspricht dabei 30 Arbeitsstunden.[31]

- Als weiteres Ziel soll ein System von drei aufeinander aufbauenden Zyklen innerhalb der Hochschulbildung definiert werden. Der erste Zyklus ist der o.g. Bachelor mit einem Umfang von mindestens 180 und maximal 240 ECTS-Credits. Der zweite Zyklus umfasst einen Umfang von 60 bis 120 ECTS-Credits, sodass ein Master eine gesamte Studienleistung von 300 ECTS-Credits erreicht haben muss. Der dritte

---

[28] vgl. Petersen, J., „Berufliche Weiterbildung im Prozess der europäischen Integration", Seite 26 f.
[29] vgl. ebd., Seite 27.
[30] vgl. ebd., Seite 27.
[31] vgl. ebd., Seite 27 f.

Zyklus erfordert eine eigenständige Forschung und wird als Doktor bzw. PhD bezeichnet. Zudem sollen die Hochschulen auch eine stärkere Beschäftigungsfähigkeit bzw. Arbeitsmarktfähigkeit berücksichtigen, wodurch sie nicht nur für eine breite Wissensgrundlage zu sorgen haben, sondern auch auf den Arbeitsmarkt vorbereiten müssen.[32]

- Durch die Beseitigung von Mobilitätshemmnissen, die Einführung von Doppelabschlüssen (Joint Degrees) und die Intensivierung von Hochschulkooperationen sollte durch den Bologna-Prozess die gesamteuropäische Mobilität gefördert werden.[33]

- Auch die Förderung der sogenannten europäischen Dimension in der Hochschulbildung fällt unter die Ziele der Bologna-Erklärung.[34]

- Die europäische Zusammenarbeit und die Förderung der Qualitätssicherung sowohl auf institutioneller, als auch auf nationaler und gesamteuropäischer Ebene auf Grundlage beschlossener Standards und Leitlinien ist ebenfalls im Zielkatalog von Bologna zu finden. Erreicht werden soll dies durch die Einrichtung des Europäischen Qualitätsregisters (EQRA). In dieses können in der praktischen Umsetzung Agenturen aufgenommen werden, die gemäß der Leitlinien und Standards für die Qualitätssicherung innerhalb des europäischen Hochschulraums arbeiten.[35]

- Als weitere Ziele des Bologna-Abkommens sind zu nennen: Die Steigerung der Attraktivität des europäischen Hochschulraums im globalen Maßstab,

- die Einbettung der Bologna-Absichten in das Konzept des lebenslangen Lernens durch die Entwicklung und Bereitstellung flexibler Lernangebote im Hochschulbereich und durch die Anerkennung älterer, außerhalb einer Hochschule erworbener Kenntnisse,

- die Beteiligung der Studenten an diesem Prozess und damit die Stärkung der sozialen Dimensionen der Hochschulbildung durch mehr Chancengleichheit

- und die nachhaltige Stärkung partnerschaftlicher Zusammenarbeit bzw. Fortschrittserzielung bei der Anerkennung von Qualifikationen und Studienabschnitten.[36]

Durch den mit dem Bologna-Abkommen angestoßene Prozess befinden sich die europäischen Hochschulen auf der einen Seite in einer Phase grundlegender Erneuerung, gleichzeitig aber auch in einem Spannungsfeld zwischen Profilbildung und Vergleichbarkeit. Und bzgl. der Vergleichbarkeit sogar in globaler wissenschaftlicher und ökonomischer Dimension. Dass eine solche Veränderung nicht nur auf Gegenliebe und Zustimmung stößt, zeigen u.a. die Studentenproteste im Herbst 2009 deutlich. Es wird u.a. befürchtet, dass die Beschlüsse die garantierte Freiheit von Lehre und Forschung

---

[32] vgl. ebd., Seite 28.
[33] vgl. ebd., Seite 28.
[34] vgl. ebd., Seite 28.
[35] vgl. ebd., Seite 28.
[36] vgl. ebd., Seite 29.

beschränken könnten. Darüber hinaus gibt es weitere kritische Punkte und Schwierigkeiten, die die Umsetzung der genannten Ziele erschweren.[37]

Die neuen Bachelor- und Masterstudiengänge erfordern einen signifikant höheren Betreuungs- und Prüfungsaufwand als die ‚alten‘ Diplom- und Magisterstudiengänge, da die zu erwerbenden Leistungspunkte nicht durch Zwischen- und Abschlussprüfungen, sondern durch zusätzliche Modulprüfungen erworben werden. Das hat nicht nur die Prüfungsbelastung der Studierenden um ein vielfaches erhöht, sondern hat auch Mehrbelastungen der Lehr- und Verwaltungskapazitäten der Hochschulen zur Folge. Diese wurden aber meist aus Kostengründen nicht erhöht, wodurch eine Überlastung fast aller Universitäten eingetreten ist. Hier würde eine bessere finanzielle Unterstützung von Bund und Ländern Abhilfe schaffen.[38]

Ein klar vorgegebener und straff gestalteter Lehrplan (im Besonderen bei Bachelorabschlüssen) führt in den meisten Fällen zu einer ‚Verschulung‘ an Fachhochschulen und Universitäten. Auch wird durch die verkürzte Studiendauer der ‚Blick über den Tellerrand‘ bei den meisten Studiengängen erschwert bis unmöglich.[39]

Der erwähnte straffe Studienplan lässt zudem kaum den Besuch von Lehrveranstaltungen anderer Fakultäten (im Sinne eines Studium Generale) zu. Dies ist insofern kritisch zu bewerten, weil ein Studium an sich auch zum Sammeln von Lebenserfahrung und zur Horizonterweiterung zukünftiger Führungskräfte dienen soll. Das wird auch vor dem Hintergrund immer kürzerer Studienzeiten fragwürdig.[40]

Zu Beginn der Akkreditierungsverfahren für Bachelor- und Masterstudiengänge wurden diese relativ großzügig genehmigt. Dies geschah überwiegend aus dem Umstand, die Umstellung auf diese Studienabschlüsse zu beschleunigen oder zumindest nicht zu verzögern. Im Laufe der Zeit haben die Akkreditierungsagenturen aber nicht nur die Anforderungen an die Studiengänge sukzessive gesteigert, sie tendieren auch dazu, die Anforderungen an die Arbeitsbelastungen der Studierenden immer weiter zu erhöhen. Diese Umstände haben die Akkreditierungsagenturen in eine machtvolle Position gebracht, die in dieser Form nicht vorgesehen war.[41]

Kritisch ist auch der Umstand zu sehen, dass bei der Berechnung des Workloads davon ausgegangen wird, „[...] dass Studierende weder erwerbstätig sind noch erhebliche Zeitanteile für gesellschaftliches, politisches oder familiäres Engagement aufwenden. Gegenüber früheren Diplom- oder Magisterstudiengängen (die in der Regel lediglich

---

[37] vgl. ebd., Seite 29.
[38] vgl. ebd., Seite 32.
[39] vgl. ebd., Seite 32.
[40] vgl. ebd., Seite 32.
[41] vgl. ebd., Seite 32.

Präsenzzeiten von rund 20 Semesterwochenstunden aufwiesen, von denen aber nur ein Teil prüfungsrelevant war und damit zwingend absolviert werden musste) hat sich durch den Bologna-Prozess in vielen Studiengängen durchaus eine Verdoppelung der Arbeitsbelastung ergeben."[42]

Als Schwierigkeit ist auch anzusehen, dass Bachelorabschlüsse immer noch keinen ausreichenden Bekanntheitsgrad bei Personalverantwortlichen haben, was zur Folge hat, dass die Employability-Ziele der Bologna-Erklärung bisher noch nicht im beabsichtigten Maß erreicht wurden. Zudem ist es immer noch nicht befriedigend gelungen, die Öffnung der Hochschulen und die Durchlässigkeit von universitärer und beruflicher Bildung voranzutreiben.[43]

Insbesondere für Deutschland kann konstatiert werden, dass „[…] teils aus Unkenntnis, teil [sic!] aus Übereifer nicht immer zum Wohle der Studierenden und Lehrenden versucht worden ist, die Bologna-Beschlüsse voranzutreiben, ohne konsequenterweise die Bildungsstätten mit den dafür notwendigen Ressourcen auszustatten. Auch im 21 [sic!] Jahrhundert müssen im Hochschulwesen Chancengerechtigkeit, Individualität und Selbstverantwortung noch erheblich stärker gefördert werden, um die persönlichen Bildungsziele der Studierenden besser als bisher verwirklichen zu können.

Dementsprechend bleiben Kompetenzorientierung, Mobilität, Studierbarkeit, Arbeitsmarktrelevanz, Beschäftigungsbefähigung, Qualitätssicherung und Qualitätsentwicklung sowie lebenslanges Lernen nach wie vor wichtige Ziele des deutschen und europäischen Hochschulwesens."[44]

---

[42] ebd., Seite 32.
[43] vgl. ebd., Seite 33.
[44] ebd., Seite 33.

Literaturverzeichnis

Petersen, J. (2015). Historische Grundlagen und Perspektiven der beruflichen Weiterbildung. Studienbrief EB 1310 des Master-Fernstudiengangs der TU Kaiserslautern. Unveröffentlichtes Manuskript. Kaiserslautern.

Petersen, J. (2012). Neue elektronische Medien in der beruflich-betrieblichen Weiterbildung. Studienbrief EB 1320 des Master-Fernstudiengangs der TU Kaiserslautern. Unveröffentlichtes Manuskript. Kaiserslautern.

Petersen, J. (2012). Berufliche Weiterbildung im Prozess der europäischen Integration. Studienbrief EB 1330 des Master-Fernstudiengangs der TU Kaiserslautern. Unveröffentlichtes Manuskript. Kaiserslautern.